**Bibliografische Information der Deutschen Nationalbibliothek:**

Die Deutsche Bibliothek verzeichnet diese Publikation in der Deutschen National-bibliografie; detaillierte bibliografische Daten sind im Internet über http://dnb.d-nb.de/ abrufbar.

**Impressum:**

Copyright © 2017 GRIN Verlag, Open Publishing GmbH
Druck und Bindung: Books on Demand GmbH, Norderstedt Germany
ISBN: 9783668469471

**Dieses Buch bei GRIN:**

http://www.grin.com/de/e-book/366537/die-entstrukturierungsdebatte

Neema Li

# Die Entstrukturierungsdebatte

GRIN Verlag

**GRIN - Your knowledge has value**

Der GRIN Verlag publiziert seit 1998 wissenschaftliche Arbeiten von Studenten, Hochschullehrern und anderen Akademikern als eBook und gedrucktes Buch. Die Verlagswebsite www.grin.com ist die ideale Plattform zur Veröffentlichung von Hausarbeiten, Abschlussarbeiten, wissenschaftlichen Aufsätzen, Dissertationen und Fachbüchern.

**Besuchen Sie uns im Internet:**

http://www.grin.com/

http://www.facebook.com/grincom

http://www.twitter.com/grin_com

# Inhalt

1 Worum geht es in der Entstrukturierungsdebatte?...........................................................2

2 Was ist die zentrale Aussage der Individualisierungsthese und wie verhält sie sich zu Konzepten wie Klasse oder Schicht?...........................................................................3

3 Durch welche Dimensionen ist nach Beck der Individualisierungsschub gekennzeichnet? 4

4 Was beschreibt Beck mit dem „Fahrstuhleffekt" und wie hängt dieser mit dem Individualisierungsprozess zusammen?..................................................................6

5 Um welche Aspekte der Entstrukturierung geht es bei Berger?.......................................7

6 Welche Kritikpunkte werden den Entstrukturierungsansätzen entgegengehalten?............8

7 Welche Erkenntnisse kann man aus der Entstrukturierungsdebatte für die Untersuchung sozialer Mobilität ableiten?........................................................................8

Literaturangaben:...................................................................................................9

# Die Entstrukturierungsdebatte

## 1   Worum geht es in der Entstrukturierungsdebatte?

- Individualisierung

= Freisetzung der Individuen aus traditionellen Bindungen (Klasse, Schicht), was neue Freiheiten und Ungleichheiten mit sich bringt.

- Industriegesellschaft → Risikogesellschaft

  - Wohlstandssteigerung

- Fehlende Identifizierung mit der Gruppe

- Entgrenzung der Lebensführung

- Erhöhung der Risiken und Eigenverantwortung des Individuums

Individualisierung bedeutet, dass „die Menschen in einem historischen Kontinuitätsabbruch aus traditionellen Klassenbindungen und Versorgungsbezügen der Familie herausgelöst und verstärkt auf sich selbst und ihr individuelles Schicksal mit allen Risiken, Chancen und Widersprüchen verwiesen werden." (Berger, 1994, S.44)

Infragestellung der Nützlichkeit traditioneller Analysekonzepte wie Klasse/ Schicht
- Konzepte sind nichtmehr in der Lage, wesentliche Charakteristika der Struktur sozialer Ungleichheiten zu erfassen
- Klassen/ Schichten spielen nur noch eine untergeordnete Rolle für das Denken und Handeln der Menschen

Es haben sich strukturelle Veränderungen ergeben, woraus sich Wandlungsprozesse ableiten, deren Ausmaß umstritten ist.

Kontrovers diskutiert wird die Frage, welche Auswirkungen diese Wandlungsprozesse auf die Wahrnehmung sozialer Ungleichheit, ihre Bedeutung im Bewusstsein der Menschen und auf das soziale Leben der Menschen haben.

Kritiker der traditionellen Ungleichheitsforschung sind der Meinung, diese Ausmaße seien so gravierend, dass es nicht mehr sinnvoll ist, in modernen Gesellschaften on Schichten und Klassen zu sprechen.

Die drei klassischen vertikalen Ungleichheitsmerkmale: Bildung, berufliche Position und Einkommen seien immer weniger bestimmend für das individuelle Verhalten.

Der zentrale Stellenwert des Kategorisierungsfaktors „Arbeit" in Frage gestellt.

- Arbeit verändert ihren Charakter & verlässt überhaupt das Zentrum der Ungleichheitsstruktur
- Grund: gestiegener Wohlstand, dad. Arbeitsverkürzungen; Lockerung der Abhängigkeit, dad. Entwicklung neuer Lebensziele
- Veränderung der Bedeutung der Arbeit als solches
- Wertewandel vom Materialismus zum Postmaterialismus

Niedergang des vertikalen Modells sozialer Ungleichheiten, Einzug neuer Ungleichheiten: Dimensionen, Ursachenfelder, Statuszuweisungsmechanismus, Gefüge

Mit diesen neuen Ungleichheiten kommen Klassen und Schichtkonzepte nicht zurecht, da gewisse Bevölkerungsschichten ganz aus dem Analyseraster herausfallen (Senioren, Frauen), Konfliktlinien werden nicht beachtet, diese führen jedoch zu neuen sozialen Bewegungen, die entlang von Konfliktlinien agieren, mit Klassenkonflikten aber nichts mehr zu tun haben.

Nur schwaches Fundament der ökonomisch, objektivistisch, deterministisch orienteirte Soziologie soz. Ungleichheiten, deshalb ist es naheliegend, eine Auflösungsperspektive einzunehmen und nach neuen Begriffen und Modellen für neue Strukturen zu suchen.

## 2   Was ist die zentrale Aussage der Individualisierungsthese und wie verhält sie sich zu Konzepten wie Klasse oder Schicht?

Beck ist durch die Formulierung seiner Individualisierungsthese einer der bekanntesten Vertreter von Richtungen, die man als Entstrukturierungsansätze oder Auflösungsthesen bezeichnet.

Die Individualisierungsthese ist eine Position zur sozialen Ungleichheit, die keine Begriffe wie Klasse oder Schicht verwendet, um ungleichheitsrelevante Gruppen zu identifizieren. Sie behauptet, dass sich die heutige Gesellschaft jenseits von Klasse und Stand befindet, d.h. dass heutzutage überhaupt keine gesellschaftlichen Großgruppen mehr existieren, die nicht nur rein statistische Zusammenfassungen (z.B. ähnliches Einkommen) darstellen.

Objektive Bedingungen und subjektive Lebensweisen fallen danach stark auseinander.

Die Individualisierungsthese ist nicht allein eine Position zu Ungleichheitsverhältnissen, sondern auch eine Gegenwartsdiagnose für westliche Gesellschaften seit ca. den 60er Jahren.

Beck:

Im Zuge einer steigenden Modernisierung nimmt auch die Individualisierung zu, mit ihr wiederum nehmen die Risiken der Individuen zu.

## 3    Durch welche Dimensionen ist nach Beck der Individualisierungsschub gekennzeichnet?

Beck stellt sich die Frage, welche gesellschaftlichen Entwicklungen sich v.a. in den sechziger Jahren (v.a. in Dtl.) vollzogen haben, verallgemeinert seine Gedanken auch generell auf moderne Gesellschaften.

Er stellt fest, dass es einen Individualisierungsschub gegeben hat, der durch drei Dimensionen gekennzeichnet ist: **(Vgl. Friedrichs, S. 34)**

*a)  Freisetzung*

- aus traditionellen Bindungen

- keine sozial vorgegebene Biographie

- der Einzelne wird zum Gestalter seines eigenen Lebens

z.B. aus Ständen, Klassen, traditionellen Geschlechterrollen

Durch die Freisetzung gibt es mehr Mobilität und Wahlfreiheit als vorher. Man kann z.B. seinen Beruf unabhängiger davon wählen, welchen Beruf die Eltern haben oder selbst entscheiden ob und wann man heiratet und Kinder bekommt.

Insgesamt sind Handlungsorientierungen, die dadurch entstehen, dass man in eine bestimmte Fmilie und soziale Lage hineingeboren wurde oder ein bestimmtes Geschlecht hat geringer geworden.

*b)  Entzauberung*

- Verschwinden von Sicherheiten durch Wegfall der vorgegebenen Handlungsorientierung

- Unsicherheiten/ Risiken werden den Individuen zugeschrieben

Individualisierung bedeutet mehr Freiheit, aber auch mehr Unsicherheit für das Individuum:
Dadurch, dass es keine festen Handlungsorientierungen mehr gibt, muss man selbst
entscheiden, ohne es sicher zu wissen, was die richtige Wahl ist.
Man kann sich z.b. einfach wieder von seinem Partner trennen, diese Freiheit birgt aber das
Risiko, dass man von seinem Partner verlassen wird. Eine Frau kann sich z.b. auch im
Gegensatz zu früher weniger darauf verlassen finanziell abgesichert zu sein. Es existieren
mehr Entscheidungszwänge und Entscheidungsrisiken mit denen die Individuen umgehen
müssen.

Außerdem werden die Risiken verstärkt den einzelnen Individuen zugeschrieben:
Wird man z.b. arbeitslos, so wird dem Individuum selbst mehr die Verantwortung
zugeschoben. Es hat sich nicht genügend Mühe gegeben, die falsche Berufswahl
getroffen,…Auch wenn man weiß, dass die Arbeitslosigkeit möglicherweise strukturelle
Ursachen haben kann führt das nicht zu einer Solidarisierung der Klasse von Arbeitslosen, es
sind individualisierte Arbeitslose.
Individualisierung kann somit auch als gesellschaftlicher Zurechnungsmodus verstanden
werden, der die Selbstverantwortung und Selbststeuerung betont.

c) *Reintegration in die Gesellschaft*
- Freiheit des Individuums ist nicht unendlich
- Neue Art der Einbindung, nicht mehr durch Klassen vermittelt
- Beschränkter Entscheidungsraum
- Selbstbeteiligung an Integration nötig

Die Freiheit des Individuums ist nach der Individualisierungsthese nicht unendlich. Es gibt
eine neue Art der Wiedereinbindung nicht durch Klassen vermittelt, sondern institutionelle
Integration.
Es gibt in der heutigen Gesellschaft einen Zwang sich zu entscheiden (z.B. welchen Beruf
jmd. Ergreift) die Entscheidungen sind zusätzlich auch begrenzt (durch institutionelle
Bedingungen: Arbeitsmarkt, rechtliche und sozialstaatliche Regelungen, …)

➔ Fazit:

Freisetzung führt zu Mobilität, jedoch auch zu Unsicherheiten und Risiken die dem
Individuum zugeschrieben werden. Nach der Freisetzung wird eine Reintegration forciert, die
die gewonnenen Freiheiten wieder einschränkt ➔ Ambivalenter Charakter der
Individualisierung (Freisetzung und Reintegration)

# 4 Was beschreibt Beck mit dem „Fahrstuhleffekt" und wie hängt dieser mit dem Individualisierungsprozess zusammen?

Eine wichtige Ursache der Individualisierung ist der Fahrstuhleffekt:

*Fahrstuhleffekt:*

Verbesserung der Lebensbedingungen bei gleichbleibenden Ungleichheitsrelationen
Der wirtschaftliche Aufschwung in Dtl. nach dem 2. Weltkrieg hat einen Fahrstuhleffekt verursacht. Die ökonomischen Unterschiede sind nicht verschwunden, sondern insgesamt haben sich die Lebensbedingungen verbessert.

Inwiefern bewirkt der ökonomische Aufschwung Individualisierung?
Weil auch die ärmeren Schichten etwas reicher geworden sind, sich auch mehr leisten könne, z.B. Haus, Urlaub, reisen sind die Ungleichheiten zwischen den Klassen subjektiv weniger wichtig geworden und der potentielle Konflikt zwischen verschiedenen Gruppen sozialer Lage ist weniger wichtig, d.h. die individuelle Bindung an eine Klasse verliert an Bedeutung.

Ein weiterer wichtiger Einflussfaktor ist die Mobilität:
Durch verstärkte räumliche und soziale Mobilität verbringt man nicht mehr sein ganzes Leben in dem gleichen sozialen Umfeld. Dadurch verlieren traditionelle Bindungen auch an ihrer bedingungslosen Bedeutung.

Wohlfahrtsstaatliche Absicherung, Bildungsexpansion (mehr Ausbildung = mehr Entscheidungsalternativen)

→ → Beck: Nicht Klassen- und Schichtmodelle in neuer Form oder ähnliches, sondern die Vereinung von Großgruppen überhaupt scheint angemessen.
Da die Ungleichheitsrelationen ähnlich bleiben, wie beim Fahrstuhleffekt erklärt, handelt es sich nicht um eine Entstrukturierung der Gesellschaft, nicht um eine Auflösung von Ungleichheiten und damit auch nicht um eine Neuauflage von Schelskys „nivellierter Mittelstandsgesellschaft", aber man kann laut Beck die Sozialstruktur mit Großgruppen nicht mehr angemessen beschreiben.

Zusammenfassung:
Individualisierung ist ein Prozess, der laut U.Beck in modernen Gesellschaften seit den sechziger Jahren des 20.Jh. festzustellen ist. Es handelt sich um einen gesellschaftlichen Prozess, in dem die Individuen aus traditionellen Bindungen (Klasse, Schicht) freigesetzt werden, was neue Freiheiten aber auch Unsicherheiten mit sich bringt. Neue Formen der

Wiedereinbindung sind nicht mehr in erster Linie durch Großgruppen wie die Klasse vermittelt, die Einbindung (und damit die Grenze der Wahlfreiheiten) erfolgt unter anderem über Institutionen wie den Arbeitsmarkt.

Das bedeutet nicht, dass der Einzelne keine Bindungen mehr hat, sie sind nun aber anderer Art, insbesondere in einer längerfristigen Perspektive. Auch bestehen bestimmte Ungleichheiten durchaus fort und können sich sogar verschärfen. Ein Ungleichheitsgefüge aus stabilen gesellschaftlichen Großgruppen, deren Mitglieder eine identitätsstiftende Bindung zur Gruppe haben oder die sich aufgrund ihrer Zugehörigkeit ähnlich verhalten, gibt es nach dieser Auffassung jedoch nicht mehr.

Individualisierung als vollständige Entstrukturierung wird insgesamt nicht nur von kritischen Stimmen abgelehnt, sondern ist gar nicht zwingend eine Aussage der Individualisierungsthese selbst. Es geht also darum die Integration sozialer Wandlungsprozesse mit ihren Folgen für Lebensläufe nachzuvollziehen und die Herausforderung für heutige Lebensverläufe zu erkennen.

## 5 Um welche Aspekte der Entstrukturierung geht es bei Berger?

Macht auf dynamisierte Perspektive sozialer Ungleichheiten aufmerksam. Darauf, dass Personen ihren Status im Lebensverlauf zunehmend häufiger wechseln.

- Bewegung IN Strukturen
- Bewegung VON soziaen Strukturen (z.b. Strukturen Ostdeutuschlands nach der Vereinigung)

Vorschlag, nicht abgehoben von Positionen auszugehen, die zu besetzten sind, sondern von den Personen, die (ungleichheitsrelevante) Lebensläufe haben, Statusbiographien erleben.

Bewegungstypen: Aufsteiger, Stetige, Unstetige, Absteiger

Er nimmt keine vollkommene Entstrukturierung an

- Dynamisierte Perspektive sozialer Ungleichheiten
- Bewegung IN und VON sozialen Strukturen
- Dauer des Verbleibs in sozialen Lagen
  kulturelle & subjektive Ebene
- Nicht Positionen, sondern Personen in Lebensläufen

- Bewegungstypen & Lebensführungsformen

→     Abgrenzung und Einbezug von Klassenmodellen

       Ähnlichkeit zu Individualisierungsthese (Beck)

## 6 Welche Kritikpunkte werden den Entstrukturierungsansätzen entgegengehalten?

- Zweifel über Loslösung des Lebensstils von der Klasse

  o Verhaltens- und Geschmacksäußerungen weiter durch vertikale Ungleichheiten bestimmt

  o Klassische Schichtfaktoren beeinflussen Lebensstile weiter signifikant

- Individualisierungsthese

  o Komplex und unzureichend explizit

  o Individualisierungsbegriff mehrdimensional, damit missverständlich

  o Zusammenhang Individualisierung und Pluralisierung

  o Kein eigenes Modell zur Erfassung soz. Ungleichheiten

## 7 Welche Erkenntnisse kann man aus der Entstrukturierungsdebatte für die Untersuchung sozialer Mobilität ableiten?

- Soziale Herkunft nicht mehr determinierend für spätere Position

- Insgesamt mehr Mobilität

  o Vertikal: Lebenslauf ist abhängig von individuellen Entscheidungen

  o Horizontal: vermehrte räumliche Mobilität

  o Bewegung VON Strukturen/ Bastelbiographie: Lebenswelt ist unstetiger, Individuen müssen sich anpassen

- Steigende Komplexität sozialer Ungleichheiten

  o Vertikale & (neue) horizontale Ungleichheiten

## Literaturangaben:

Beck, U., & Beck-Gernsheim, E. (1994). *Individualisierung in modernen Gesellschaften.* Frankfurt am Main: Suhrkamp.

Burzan, N. (2007). *Soziale Ungleichheit: Eine Einführung in die zentralen Theorien.* Wiesbaden: VS Verlag für Sozialwissenschaften.

Buth, S. & Johannsen, H. (1999). Determinieren soziale Strukturen Lebensstile? Ein Beitrag zur Empirischen Auflösung der Entstrukturierungsdebatte. In C. Honegger, S. Hradil & F. Tragler (Hrsg.), *Grenzenlose Gesellschaft?* (S.576-589). Opladen: Leske + Budrich.

Friedrichs, Jürgen (1998). *Die Individualisierungs-These.* Opladen: Leske+Budrich.

Geißler, R. (2014). Soziale Klassen und Schichten - soziale Lagen -soziale Milieus - Exklusion versus Inklusion: Modelle und Kontroversen. In *Die Sozialstruktur Deutschlands* (S. 93-130). Wiesbaden: VS Verlag für Sozialwissenschaften.

Groß, M. (2008). *Klassen, Schichten, Mobilität: Eine Einführung.* Wiesbaden: VS Verlag für Sozialwissenschaften.

Hainz, M. (2012). *Widerhaken der „Individualisierung": eine Auseinandersetzung mit dem gleichnamigen Theorem Ulrich Becks.* Institut für Gesellschaftspolitik an der Hochschule für Philosophie München (Hrsg.).

Münch, R. (2004). *Soziologische Theorien III: Gesellschaftstheorie.* Frankfurt: Campus Verlag.

Plum, W. (1990). Entstrukturierung und sozialpolitische Normalitätsfunktion. *Soziale Welt, 41, 4, 477-497.*

Stein, P. (2005). Soziale Mobilität und Lebensstile: Anwendung eines Modells zur Analyse von Effekten sozialer Mobilität in der Lebensstilforschung. In *Kölner Zeitschrift für Soziologie und Sozialpsychologie, 57, (2),* 205-229.